55 Festtagskuchen

55 Festtagskuchen

Eine Sammlung feinster Backrezepte

Hof Gimbach

Eine stolze Sammlung entsteht, wenn jeder sein Bestes gibt:

Alle Backrezepte dieses Buches wurden von den aufgeführten Personen ausprobiert und gebacken – und für so gut befunden, daß sie hier fein säuberlich aufgeschrieben wurden.

Henni Bauer
Familie Breivogel
Josef Czubak
Familie Debertshäuser
Frau Dr. Bettina Fessler-Kilb
Anna Theresia Fußnegger
Frau Gawrisch
Frau Gerharz-Haack
Edelmund Götting
Ursula und Bernhard Grigalunas
Greta Grimm
Frau Hähnel
Frau Halter
Frau Hartmann
Erika Herold
Klara Hillen
Hildegard Hoffmann
Gerda Hoffmeister
Familie Holze
Katarina Hürrich
Hannelore Illner
Erwin Kaekel
Hugo und Frida Keßler
Claudia Knapp
Gertraud Köthnig
Frau Kreß
Rosemarie Kullmann
Helene Leichum
Frau Lindnau

Anni Maurer
Peter Meurer
Rosemarie Mohr
Antonie Möller
Anni Neurohr
Familie Reuter
Ursula Runge
Anneliese Sauer
Elfriede Schikora
Frau J. Schindler
Roswitha Schindler
Anni Schmidt
Lieselotte Schneider
Familie Werner Schuh
Käte Schultz-Lindemann
Ute und Marianne Schwaibold
Renate Seibert
Adelheid Soltysik
Familie Spingler
Frau Spira
Conrad Streitz
Erich Straub
Gertrud Täuber
Familie Willi Franz Wagner
Familie Otto Winter
Barbara, Johanna und Christine Wittekind
Maria Wittekind
Familie Peter Wohlfahrt
Liselotte Wottawa

Ein herzliches Dankeschön

allen Mitwirkenden,

die begeistert geholfen haben,

daß diese exquisite

Rezepte-Sammlung entstehen

konnte.

MARGRET SCHIELA

HOF GIMBACH

Inhalt

After-Eight-Torte

Ein fertig gekaufter, oder selbstgemachter, dunkler Tortenbiskuit.

250g flüssige Sahne, 150g After-Eight-Täfelchen schmelzen und abkühlen lassen.

Mit 250g steif-geschlagener Sahne vorsichtig vermischen, die Böden damit bestreichen.

Torte zusammensetzen, mit Kakao bestäuben.

Apfeltorte mit Zwetschgen

800 g Äpfel
110 g Zucker
600 g Zwetschgen
Wiener Böden, hell (fertig
gebacken, 400 g, dreilagig,
2 cl Zwetschgenwasser
500 g Schlagsahne
50 g geröstete Mandelblättchen
1 Teelöffel (geh.) Pistazien
oder Walnüsse

Äpfel schälen, vierteln, entkernen und zu Spalten schneiden.
1/4 Liter Wasser mit 50 g Zucker
aufkochen. Apfelspalten darin
4 Minuten dünsten, abtropfen
lassen.
Sahne mit restlichem Zucker
steif schlagen.
Einen Tortenboden mit
Zwetschgen belegen, etwa 1/3
der Sahne darüberstreichen.

Zwetschgenwasser mit 2 cl
von Zuckerwasser verrühren,
zweiten Boden damit
bepinseln und auf die Sahne
über die Zwetschgen legen.

Apfelspalten darauf verteilen,
wieder 1/3 der Sahne daraufstreichen.
Letzten Boden oben aufsetzen,
dünn mit Sahne bestreichen.
Übrige Apfelspalten kreisförmig
garnieren, mit noch vor-
handenen Zwetschgenhälften
umkränzen.

Tortenrand mit restlicher
Sahne einstreichen,
Mandelblättchen andrücken.
Oben in die Tortenmitte
einen Sahnekleks setzen,
Pistazien daraufstreuen.

Diese Zweifruchttorte ist so
delikat, weil sich das fein-
säuerliche Aroma der Äpfel
mit dem der süßfruchtigen
reifen Zwetschgen kombiniert.

Apfelstrudel

NACH EGERLÄNDER ART
ENTSPRICHT DEM
„ECHTEN WIENER APFEL-
STRUDEL" OHNE EI

ca. 250g GLATTES MEHL
1 GROSSE PRISE SALZ
2 ESSLÖFFEL ÖL (NICHT
AUS DEM KÜHLSCHRANK,
ZIMMERTEMPERATUR)
1/2 TASSE WARMES WASSER

BELAG: ca. 3kg ÄPFEL
(DÜNNE SCHEIBEN)
ca. 80g ZERLASSENE BUTTER
SEMMELBRÖSEL, GROB-
GEHACKTE NÜSSE ODER
MANDELN (UNGESCHÄLT),
ROSINEN, PUDERZUCKER
MIT VANILLE GESCHMACK,
ZIMT.

JE NACH APFELQUALITÄT
ZUCKER ODER ZITRONE
ALS AUSGLEICH.

FÜR DIABETIKER AUCH
OHNE ZUCKER GEEIGNET.

MEHL UND SALZ AUF
EINER SAUBEREN TISCH-
FLÄCHE ANHÄUFEN.
IN EINER KUHLE IN DER
MITTE BEGINNEN:

DAS MIT ÖL GUT VERMISCHTE
WARME WASSER WIRD
MIT EINER GABEL IN DEM
MEHL VERMISCHT, ZULETZT
MIT DER HAND GEKNETET.

DER TEIG WIRD LETZTLICH
AUF DIE TISCHPLATTE
GESCHLAGEN, BIS ER
GESCHMEIDIG IST.
BEI ZIMMERTEMPERATUR,
IN EINER SCHÜSSEL
ABGEDECKT, 1/2 STUNDE
RUHEN LASSEN.

INZWISCHEN DIE ÄPFEL
SCHÄLEN, ENTKERNEN
UND IN DÜNNE SCHEIBEN
SCHNEIDEN.
DIE TISCHPLATTE MIT EINEM
ÄLTEREN LEINEN- ODER
TISCHTUCH BEDECKEN;

DEN TEIG ZU EINER KLEINEN FLÄCHE AUSROLLEN, DANN ÜBER BEIDEN HANDRÜCKEN SICH DEHNEN LASSEN, IM KREISE IN DER LUFT BEWEGEN, BIS ER HAUCHDÜNN IST; ER WIRD SO DÜNN, DASS MAN EINE ZEITUNG DARUNTER LESEN KANN.

DEN TEIG MIT DER FLÜSSIGEN BUTTER BESTREICHEN – ZART ANFASSEN, DIE SEMMELBRÖSEL DÜNN VER-TEILEN, DIE GESCHNITTENEN ÄPFEL DARAUF STREUEN; EBENSO DIE NÜSSE ODER MANDELN, ROSINEN UND ZIMT VERTEILEN.

JETZT WIRD DER TEIG MIT HILFE DES TUCHES GEROLLT, MIT DEM TUCH ANGEHOBEN UND AUF DAS VORGEFETTETE BLECH ZU EINEM HUFEISEN GEFORMT ABGELEGT. DIE OBER-FLÄCHE WIRD NOCHMALS MIT ZERLASSENER BUTTER BESTRICHEN.

IN DIESEM ZUSTAND KANN MAN DEN APFELSTRUDEL AN EINEM KÜHLEN ORT EINIGE STUNDEN ODER SOGAR ÜBER NACHT LAGERN, UM IHN MÖGLICHST FRISCH ZU BACKEN UND WARM, IN 3-4 cm BREITE STÜCKE GESCHNITTEN, MIT SAHNE ZU SERVIEREN.

BACKOFEN: VORGEHEIZT BEI 200° ca. 20 BIS 30 MINUTEN BACKEN.

Apfelweinkuchen (1)

Knetteig:
250g Mehl
125g Zucker
125g Butter
1 Teelöffel
Backpulver
1 Ei

Belag:
1kg Äpfel, fein
schneiden,
1 Päckchen Vanille-
pudding mit
1/2 Liter Apfelwein
kochen,
250g Zucker und
2 Päckchen
Vanillezucker
hinzufügen.

Auf den Teig die
geschnittenen Äpfel
legen und
mit dem Pudding
bestreichen.
Bei 180°
90 Minuten backen.

Am nächsten Tag
mit 2 Bechern Sahne
bestreichen und
mit Zimt bestreuen.

Apfelweinkuchen (2)

250 g Margarine
250 g Zucker
250 g Mehl
1 Päckchen
Backpulver
4 Eier (getrennt)

1 Teelöffel Zimt
(gemahlen)
1/2 Teelöffel Nelken
(gemahlen)
100g Blockschokolade
1 Tasse Apfelwein

Zucker und Margarine schaumig rühren. Nacheinander 4 Eigelb einrühren, gesiebtes Mehl und Backpulver untermischen.

Gewürze, Apfelwein und grob geraspelte Schokolade zugeben.

Zum Schluß das zu Schnee geschlagene Eiweiß unterheben.

In einer Kastenform 1 bis 1½ Stunden bei 175° backen.

Mit Schokoladenguß überziehen.

Aprikosen-Schmand-Torte

200 g Mehl
100 g Zucker
100 g Butter
1 Ei
1 Tütchen Vanillezucker
1 Teelöffel Backpulver
1 Dose Aprikosen (850 ml)

Aus den vorgenannten
Zutaten einen Teig
herstellen und in einer
Springform auslegen.
Den Inhalt der großen
Dose Aprikosen abtropfen
lassen und auf den Teig
legen.

Vom Saft der Aprikosen
einen Vanillepudding
kochen und heiß auf die
Aprikosen geben.

40 Minuten bei 180
backen.

90 g Zucker, 1 Topf
Schmand und 3 Eigelb
schaumig rühren.
3 Eiweiß schlagen und
unter die schaumige
Masse heben.

Auf dem 40 Minuten
lang vorgebackenen
Kuchen verteilen und
nochmals 20 Minuten
backen.

Bananenbrot

125g Butter oder Margarine
250g feiner Zucker
2 große Eier
25 ml Joghurt oder Dickmilch
1 Fläschchen Vanillearoma
6 mittelgroße, reife Bananen, püriert
50 ml gehackte Nüsse
250g Mehl
1 Päckchen Backpulver
2 Messerspitzen Salz

Butter/Margarine, Zucker und Eier sahnig rühren, Joghurt und Vanillearoma dazugeben.

Bananenbrei und Nüsse unterheben sowie Mehl, Backpulver und Salz.

Teig in eine mit Backpapier ausgelegte Kuchenform füllen und bei 180°C ca. 45 bis 60 Minuten backen.

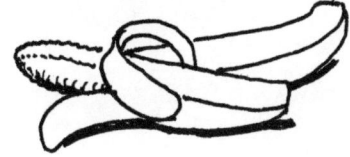

Barbara-Kuchen

200 g Butter
1 Zitronenschale
250 g Zucker
4 Eier
125 g Speisestärke
125 g Mehl
1/2 Teelöffel
Backpulver

Für den Guß:
150 g Puderzucker
4 Eßlöffel
Zitronensaft

Unter das schaumige
Fett abwechselnd
Zucker, Eier und das
Mehl-Stärke-Back-
pulver gemisch rühren.

Teig in eine gefettete,
mit Pergamentpapier
ausgelegte, Kasten-
form füllen.

E-Herd: 175°
G-Herd: Stufe 2
ca. 90 Minuten

Bibelkuchen

Zutaten:

1½ Tassen Deuteronomium 32. 14a
6 Stück Jeremia 17. 11
2 Tassen Richter 14. 18a
4½ Tassen 1. Könige 5. 2
2 Tassen 1. Samuel 30. 12a
¾ Tasse 1. Korinther 3. 2
2 Tassen Nahum 3. 12
1 Tasse Numeri (4. Buch Mose) 17. 23b
1 Prise Levitikus 2. 13
3 - 4 Teelöffel Jeremia 6. 20
3 Teelöffel Backpulver

Man befolge den Spruch Salomons: Sprichwörter 23. 14a

Ein Tip: Ein 500g-Glas Honig (das Volumen von 2 Tassen) braucht ein Päckchen Backpulver, der Teig ist ziemlich flüssig.

Backzeit: ca. 1½ Stunden

Grundsätzliches:

Es gibt auf jeden Fall Matthäus 19. 12d

Und wenn's ans Kuchenessen geht, gilt Lukas 14 12-14

Dazu reicht man Kaffee oder ein Glas Wein.

Birnentorte

225g Mehl
150g Butter oder Margarine
150g Puderzucker
1 Päckchen Vanillezucker
1 Eigelb
1 Prise Salz
4 Birnen
Saft von 1 Zitrone
3 große Eier
1 Eßlöffel Speisestärke
1/2 Becher (125g) Schlagsahne
2 Eßlöffel Mandelblättchen
100g Zitronengelee
Mehl zum Ausrollen
Fett für die Form
Klarsichtfolie

1) Mehl, Fett, 75g Puderzucker, Vanillezucker, Eigelb, 1 Prise Salz und 1-2 Eßlöffel kaltes Wasser zu einem glatten Teig verkneten und in Folie gewickelt 1 Stunde kaltstellen.

2) Birnen schälen, Kerngehäuse herausschneiden.
Birnen in Spalten schneiden, mit Zitronensaft beträufeln.

Eier, restlichen Puderzucker, Speisestärke und Sahne verquirlen.

3) Den Teig auf einer bemehlten Arbeitsfläche ausrollen. Die Springform fetten, mit den Mandelblättchen bestreuen und mit dem Teig auslegen. Dabei den Rand ca. 2cm hochziehen. Mit einem Teigrädchen begradigen.
Birnenspalten auf dem Teig verteilen.
Eierguß darübergießen.

Im vorgeheizten Backofen ca. 35 Minuten backen.
E-Herd: 200°, Gasherd: Stufe 3

Zitronengelee erwärmen und den Kuchen damit glasieren.

Biskuitboden

4 EIER (GETRENNT)
2 ESSLÖFFEL
WARMES WASSER
125g ZUCKER
1 PÄCKCHEN VANILLE-
ZUCKER
100g MEHL
50g SPEISESTÄRKE
2 TEELÖFFEL BACKPULVER

EIGELB UND WASSER SCHAUMIG SCHLAGEN, 2/3 DES ZUCKERS UND DEN VANILLEZUCKER NACH UND NACH ZUGEBEN, CREMIG RÜHREN.

NUN DAS EIWEISS SEHR STEIF SCHLAGEN, DABEI DAS LETZTE DRITTEL DES ZUCKERS EINRIESELN LASSEN.
DEN STEIFEN EISCHNEE AUF DIE EIGELBMASSE GEBEN.
MEHL, SPEISESTÄRKE UND BACKPULVER GUT MISCHEN UND DARÜBER-SIEBEN. ALLES VORSICHTIG MIT EINEM LÖFFEL UNTERZIEHEN.

DEN TEIG SOFORT IN DIE ENTSPRECHENDE FORM FÜLLEN (GEFETTET ODER MIT BACKPAPIER AUS-GELEGT), GLATT STREICHEN UND AUF MITTLERER SCHIENE IM VORGE-HEIZTEN BACKOFEN BACKEN.

BACKZEITEN UND TEMPE-RATUR EINSTELLUNGEN JEWEILS DEN REZEPT-ANGABEN ENTNEHMEN.

Bratapfelkuchen

4 große ungespritzte Boskoop-Äpfel
mit schöner Schale, Rosinen, gehackte
Haselnüsse oder Walnüsse, zerlassene
Butter, brauner Zucker.

In eine gefettete
Springform gibt man
einen Mürbeteig aus
150 g Mehl,
100 g Zucker,
1 Eigelb,
100 g Butter,
1 Schuß Rum,
darauf die Äpfel,
die man entkernt und
in Achtel geschnitten
hat und schiebt die
Form in den auf
200° vorgeheizten
Backofen.

Nach 10 Minuten holt
man den Kuchen kurz
heraus, um ihn
mit zerlassener
Butter zu be-
streichen und
mit braunen
Zucker, Rosinen
und Nüssen zu be-
streuen, dann läßt
man ihn bei 175°
weiter backen,
bis er schön braun
geworden ist.

Dieser Bratapfelkuchen schmeckt am besten
frisch, er darf noch etwas warm sein.

Donauwellen

250 g Butter oder
Margarine
250 g Zucker
500 g Mehl
4 Eier
1 Päckchen Backpulver
1 Päckchen Vanillezucker
1 Tasse Wasser
1 Glas Sauerkirschen
1 Päckchen Sanapart
3 Eßlöffel Kakao
2 Päckchen Schokoladenguß

1/3 vom Teig mit Kakao
verrühren. Auf gefettetes
Blech erst den hellen Teig
geben und dann den
dunklen darüber, mit der
Gabel durchziehen.

Sauerkirschen, gut abgetropft,
darauflegen und
ca. 1 Stunde backen.

Buttercreme
aus Sanapart-
Rezept herstellen
und auf den
erkalteten Kuchen
streichen.
Schokoladenguß flüssig
über die Creme ziehen.

Butter / Margarine,
Zucker, Eier schaumig
rühren, Mehl, Backpulver,
Vanillezucker und 1 Tasse
Wasser zu einem Teig verrühren.

Eierlikör-Kuchen

250 g Puderzucker
250 g Kartoffelmehl
3 Eßlöffel Mehl
1 Päckchen Backpulver
1 Päckchen Vanillezucker
1 Tasse Öl
1 Tasse Eierlikör
5 Eier

Eier, Puderzucker,
Vanillezucker und Öl
15 Minuten lang
rühren.

Mehl, Kartoffelmehl
und Backpulver zugeben.

Zum Schluß den
Eierlikör einrühren.

Achtung! Der Teig
wird sehr dünn.
Den Teig in eine nur
am Boden gefettete
Springform geben
(26 cm Ø).

Backzeit:
Elektroherd
(Heißluft)
ca. 60 Minuten
bei 170°
Gasherd:
Stufe 2-3

Eistorte Johanna

Ist unheimlich einfach
und schmeckt toll!

100g Baisermasse
70 g Schokolade
3/4 Liter Sahne
70 g gehobelte Haselnüsse

Baisers zerkrümeln,
Schokolade kleinhacken,
Sahne sehr steif
schlagen, alles unter-
heben.
Masse in Form füllen und
gefrieren lassen.

– Anrichten mit Schokoladensoße –

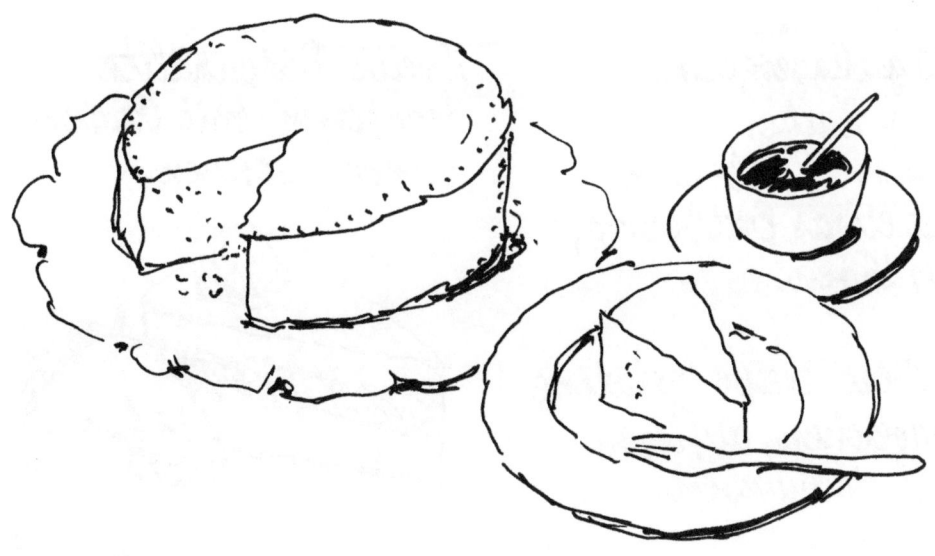

Erdbeer-Quark-Torte

Biskuitteig von 5 Eiern durchschneiden und eine Hälfte in die Springform legen.

Füllung: ca. 750 g Erdbeeren, davon 300 g im Mixer pürieren, die anderen ganz lassen.

750 g Magerquark, 100 g Zucker, pürierte Erdbeeren und etwas Erdbeersaft verrühren.

12 Blatt weiße Gelatine einweichen, auflösen und dazugeben.

Kurz in den Kühlschrank stellen, öfters umrühren (Probe nehmen, ob es steif wird!)

Danach 200 g süße Sahne steif schlagen, unterheben und die ganzen Erdbeeren dazugeben.

Zweite Bodenhälfte drauflegen, mit Puderzucker bestreuen.

Feiner Apfelkuchen

FÜR DIE FÜLLUNG:

75 g Zucker
1 Eßlöffel abgeriebene
Zitronenschale (unbehandelt)
3 Eßlöffel Zitronensaft
1 Zimtstange
500 g säuerliche Äpfel

FÜR DEN TEIG:

200 g weiche Butter
150 g Zucker
4 Eier
1 Eßlöffel abgeriebene
Zitronenschale (unbehandelt)
200 g Mehl

AUSSERDEM:

Fett und 2 Eßlöffel Semmelbrösel für die Form,
1-2 Eßlöffel Puderzucker
zum Bestäuben.

1) Für die Füllung 200 ml
Wasser mit dem Zucker,
Zitronenschale, Zitronensaft
und der Zimtstange aufkochen,
den Herd ausschalten.

2) Die Äpfel schälen, entkernen,
in Spalten schneiden und sofort
in den Zitronensud geben.
Wieder aufkochen, die Äpfel
zugedeckt etwa 2 Minuten
köcheln lassen – und aus-
kühlen lassen.

3) Für den Teig die Butter und
den Zucker schaumig rühren.
Eier und Zitronenschale zugeben,
zuletzt das Mehl unterrühren.

4) Den Backofen auf 175° vorheizen.
Eine Springform (24 cm Ø) fetten
und mit Semmelbröseln ausstreuen.

5) Die Hälfte des Teiges in der Form
glattstreichen. Die Äpfel gut abtropfen lassen, ohne die Zimtstange
auf dem Teig verteilen, den restlichen Teig darüberstreichen.

6) Den Kuchen auf der untersten
Schiene im Ofen ca. 40 Minuten
backen. – Zum Servieren
mit Puderzucker bestreuen.

Festlicher Gewürzkuchen

Dieser Kuchen hat den Vorzug, Wochen hindurch frisch zu bleiben, wenn man ihn gut in Einmach-Cellophan wickelt.
Der Kuchen wird in einer Sternform oder in einer glatten Kastenkuchen- oder Rehrücken-form gebacken.

40 g Fett, 2 Eidotter, 200 g Zucker und 200 g Kunsthonig rührt man glatt. Daran gibt man 400 g gesiebtes Mehl, 1½ Päckchen Backpulver, 1 Päckchen Lebkuchen-gewürz oder 10 g Zimt und 5 g Nelken, sowie ½ Tasse Rosinen, etliche grob-gehackte Nüsse, 1 Eßlöffel Kakao und soviel schwarzen Kaffee, daß ein zähreißender Teig entsteht.

Er wird in eine gut gefettete Form gefüllt und 60-70 Minuten bei Mittelhitze gebacken.

Zuletzt überzieht man den Kuchen mit Schokoladenguß aus 100 g Puderzucker, 1 gehäuften Eßlöffel Kakao, 1 Teelöffel erwärmter Butter und ganz wenig heißem Wasser.

Frankfurter Kranz

200 g BUTTER ODER
MARGARINE
300 g ZUCKER
6 EIER
1 FLÄSCHCHEN
RUM-AROMA
1 PRISE SALZ
300 g WEIZENMEHL
100 g GUSTIN
4 GESTRICHENE
TEELÖFFEL
BACKPULVER (12g)

RÜHRTEIG HERSTELLEN.
BACKZEIT ca. 60 MIN.
BEI MITTLERER HITZE.

BUTTERCREME:
1½ PÄCKCHEN
PUDDINGPULVER
(VANILLE)
150g ZUCKER
3/4 LITER MILCH
300 g BUTTER

ZUM GARNIEREN:
KROKANT UND KIRSCHEN

250 g Mehl – auf die Backunterlage sieben, 65 g Zucker, 1 Eßlöffel Vanille-zucker darüberstreuen, eine Mulde eindrücken, 1 Ei, 1 Prise Salz hineingeben, auf den Rand 125 g Butter in Flöckchen verteilen.

Mit dem Teigschaber alles zusammen-hacken und schnell mit der Hand zu einem glatten Teig verkneten.

Mindestens 1 Stunde in der geschlossenen Rührschüssel kühlstellen.

750 g Äpfel geschält, auf der Raspel-scheibe hobeln, mit dem Saft von ½ Zitrone beträufeln.

100 g Rosinen waschen und abtropfen lassen. Die Hälfte des Teiges ausrollen,

in eine Springform (26 cm Ø) legen,
Rand hochziehen, Boden mehrmals mit
der Gabel einstechen und mit
3 Eßlöffeln gemahlenen Mandeln bestreuen,
Äpfel und Rosinen.

50 g gehackte Mandeln, Zucker und Zimt
darüber verteilen. Den restlichen Teig
ausgerollt auflegen, mit Eigelb bestreichen
und mit gehobelten Mandeln bestreuen.

Löcher zum Abdampfen
einstechen.

Bei 200°C
45 Minuten backen.

Für den Mürbeteig:

300g Mehl
50g Marzipanrohmasse
80g Zucker
180g Butter oder
Margarine
1 Ei
1 Prise Salz

Für den Belag:

3 Blatt rote Gelatine
5 Blatt weiße Gelatine
250g rotes
Johannisbeergelee
750g Himbeeren
3 Eier
100g Puderzucker
1 Limette
500g Mascarpone

Boden: Aus den angegebenen Zutaten einen Teig kneten, ca. 2/3 für den Boden verwenden (Springform 28cm Ø). Aus dem übrigen Teig einen 5cm hohen Rand formen. Im vorgeheizten Ofen bei 225° auf der untersten Schiene ca. 12–15 Minuten backen.

Belag: Den ausgekühlten Boden dünn mit Johannisbeergelee bestreichen und dicht mit Himbeeren belegen. Restliches Gelee aufkochen, die rote Gelatine darin auflösen, Himbeeren damit bestreichen

Die Eier trennen. Eiweiß steif schlagen. Eigelb und Puderzucker mit Saft von 1 Limette aufschlagen. Aufgelöste Gelatine unter die Masse rühren. Zuerst Mascarpone, dann das Eiweiß unterheben.

Die Creme auf den Himbeeren verteilen. Torte kühl stellen. Vor dem Servieren Streifen der Limettenschale über der Torte verteilen.

Honigkuchen

375 g Honig
125 g Zucker
100 g Butter
100 g Schweineschmalz
1 Päckchen Vanillezucker
2 Eier
3 Teelöffel gemahlener
Zimt
1/2 Teelöffel gemahlener
Kardamon
1/2 Teelöffel gemahlene
Nelken
4 Tropfen Bittermandelöl
500 g Mehl
1 Päckchen Backpulver
3 Eßlöffel Kakao
1/8 Liter Milch
100 g gemahlene Haselnüsse
100 g Zitronat
100 g Korinthen

Honig, Zucker, Butter,
Schweineschmalz schmelzen
lassen, Gewürze (Zimt,
Kardamon, Nelken, Bitter-
mandelöl), zuletzt die Eier
unterrühren.
Mehl mit dem Backpulver
und dem Kakao darüber-
sieben und unterziehen,
gleichzeitig die Milch und
die übrigen Zutaten zufügen.
Den Teig etwas ruhen lassen.
Danach Teig gut durchkneten
und auf einem gut gemehlten
Backbrett ausrollen und
Sterne, Herzen oder Monde usw.
ausstechen, auf dem gut
gefetteten oder mit Back-
papier ausgelegten Blech
12-15 Minuten bei guter
Hitze backen. ACHTUNG!
Die Formen verlaufen, wenn
der Teig zu weich ist.

Hummelkuchen

1 Becher süße
Sahne (1/4 Liter)
1 Becher Zucker
2 Becher Mehl
4 Eier
1 Päckchen
Vanillezucker
1 Päckchen
Backpulver
1 Prise Salz

Für den Guß:
125g zerlassene
Butter
200g gehobelte
Mandeln
4 Eßlöffel
Milch
1 Becher
Zucker
1 Päckchen
Vanillezucker

Alle Zutaten zu
einem Teig verrühren,
auf gefettetem Blech
ca. 10 Minuten
goldbraun backen.

Den Guß gleich-
mäßig auf dem
vorgebackenen
Kuchen verteilen
und nochmals
10 Minuten backen.

Elektroherd: 190°

Hüttenstückchen

EINEN GUTEN <u>FESTEN</u>
RÜHRTEIG!

ca. 250g MARGARINE
ODER BUTTER
4 EIER
150g ZUCKER
1 PÄCKCHEN VANILLE-
ZUCKER
1 PÄCKCHEN BACK-
PULVER
1 PRISE SALZ
ca. 500g MEHL –
– BIS DER TEIG SCHÖN
FEST WIRD.

MAN KANN AUCH ZUR
HÄLFTE VOLLKORNMEHL
VERWENDEN, ETWAS MILCH.

DAZU IN SCHEIBEN
GESCHNITTENE ÄPFEL
UND ROSINEN.

MAN KANN AUCH EIN
PAAR MANDELN
UNTERMISCHEN.

MIT DEM LÖFFEL KLEINE
HÄUFCHEN AUF DAS
BLECH SETZEN UND
GOLDGELB BACKEN.

HÜTTENSTÜCKCHEN
SIND IDEALE „REISE-
BEGLEITER", BELIEBT
BEIM WANDERN,
BEGEHRT IN DER SCHULE,
ETWAS FEINES IM
BÜRO.

FÜR KINDERHÄNDE
EXTRA KLEINE
STÜCKCHEN AUSFORMEN.

Käsekuchen

<u>Teig:</u>
200 g Mehl
1 Teelöffel Backpulver
100 g Zucker
2 kleine Eier
100 g Butter oder
Margarine

Die Zutaten gut ver-
kneten. In eine
gefettete und bemehlte
Springform geben.

<u>Käsecreme:</u>
500 g Schichtkäse
500 g Sahnequark
200 g Zucker
1 Päckchen Vanillezucker
5 Eier
1/2 Päckchen Vanille-
pudding

Den Eischnee sehr fest
schlagen und unter
die gut verrührte
Quarkmasse heben.

In einer Springform
90 Minuten bei
150 - 170° backen.

Nicht gleich aus dem
Backofen nehmen,
etwas abkühlen lassen.

Käsetorte Bärbel

Für den Knetteig:

150g Mehl
1 gestrichener
Teelöffel Backpulver
1 Ei
60 g Zucker
65g Butter oder
Margarine

Für den Belag:

750g Magerquark
200g Zucker
4 Eier
½ Liter Milch (heiß)
125g Margarine
3-4 Eßlöffel Mehl

Bei 200°
ca. 60 Minuten backen.

Kokosflocken-Kuchen

4 Eier
2 Tassen Zucker
1 Päckchen Vanillezucker
1 Päckchen Vanillepudding
2 Tassen Buttermilch
4 Tassen Mehl
1 Päckchen Backpulver
1½ Becher süße Sahne

─────

2 Tassen Kokosflocken
1 Tasse Zucker

Zutaten, außer süßer Sahne, verrühren, den Teig auf ein großes Backblech laufen lassen. Kokosflocken und Zucker vermischen und auf dem Teig verteilen.

Bei 175°
ca. 30 Minuten backen.

Auf dem heißen gebackenen Kuchen
die flüssige Sahne verteilen.

Krümelkuchen
mit Kirschfüllung

Teig:
300g Mehl
1 Teelöffel Backpulver
100g Butter
150g Zucker
1 Ei
1 Päckchen Vanillezucker

Füllung:
700g (= 2 Gläser)
Schattenmorellen
Zucker und Zimt.

Alle Teigzutaten
krümelig zerhacken
oder zerkneten.

Eine Springform
(26cm Ø) ausfetten und
mit Bröseln ausstreuen.

Die Hälfte des Teiges
auf den Boden <u>streuen</u>,
darauf die gut
abgetropften Kirschen
legen, die mit Zucker
und Zimt bestreut
werden.
Darüber die restlichen
Teigkrümel streuen und
obenauf Mandelblättchen
legen.

Kuchen auf mittlerer
Schiene bei ca. 180°
45 Minuten backen.

LPG-Kuchen
aus Thüringen

Rezept aus Thüringen, für ein großes Kuchenblech.

1) Rührteig-Rezept
4 Eier
150 g Zucker
250 g Kartoffelmehl
2 Eßlöffel Mehl
1 Päckchen Vanillezucker
1/2 Päckchen Backpulver
etwas Zitronensaft
alles durchrühren.

250 g Butter oder Margarine heiß auslassen, heiß darüber- geben, gut unterrühren und backen.

2) Butter-Creme
2 Päckchen Puddingpulver
1 Päckchen Vanillezucker
1/2 Liter Milch
250 g Butter

Die Buttercreme auf den gebackenen Rührkuchen auftragen.

3) Auf diese Buttercreme werden mit Rum getränkte Butterkekse aufgelegt und mit Schokoladenguß überzogen.

4) Schokoladen-Guß
150 g Puderzucker
40 g Kakao
3 Eßlöffel heißes Wasser
50 g zerlassenes Kokosfett

Mandarinen-Quarkkuchen

Für den Teig:
400 g Mehl
250 g Zucker
200 g Margarine
oder Butter
2 Eier
1 Päckchen Vanille-
zucker
1 Päckchen Back-
pulver
1 Prise Salz

Für die Quarkfüllung:
2 x 500 g Quark
(Magerstufe)
250 g Zucker
1 Päckchen Vanille-
pudding
1 Päckchen Käse-
kuchenhilfe
4 Eier

Rührteig auf dem
Blech verteilen,
Quarkfüllung auf
den Teig geben.

4 kleine Dosen
Mandarinen gut
abtropfen lassen und
auf der Quarkfüllung
verteilen.

Backzeit: ca. 1 Stunde
Elektroherd: 200-220°
Gasherd: Stufe 3-4

Anschließend
1 Päckchen hellen
Tortenguß darauf
verteilen.

Mandel-Eierlikör-Torte

100 g Zartbitter-Schokolade
(kleingehackt),
5 Eier (getrennt),
80 g Butter und
100 g Zucker schaumig schlagen,
1 Rum-Back und
2 Eßlöffel Eierlikör zufügen –
ebenso
200 g gemahlene Mandeln,
die gehackte Schokolade und
1 Teelöffel Backpulver
unterrühren.
Das geschlagene Eiweiß
vorsichtig unterheben.

Eine Springform mit Back-
papier auslegen, die Masse
einfüllen und im vorge-
heizten Elektro-Backofen bei
200° ca. 30 Minuten backen
(Gasherd: Stufe 3).

Am nächsten Tag den Kuchen
garnieren.
400 g Schlagsahne mit
2 Päckchen Vanillezucker und
1 Päckchen Sahnesteif
steifschlagen und in einen
Spritzbeutel füllen.
Mit der restlichen Sahne den
Kuchen einstreichen, mit
Sahnetuffs, 75 g Schokoraspel
und 6 Eßlöffel Eierlikör
verzieren.

Bis zum Verzehr kühl stellen.

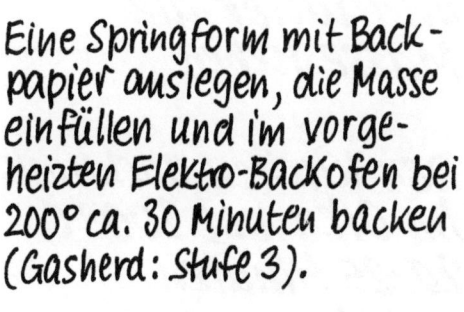

Mathilde-Kuchen

Für den Boden:

175g Mehl
100g Butter
80g Zucker
1 Ei
1 Päckchen
Vanillezucker
1 Messerspitze Salz

Boden im
vorgeheizten
Ofen
15 Minuten
backen
bei 170°C.

Für den Belag:

¼ Liter saure Sahne
3 Eigelb
2 Eßlöffel Zucker
1 Päckchen
Vanillezucker
1 Teelöffel
Speisestärke
1 Glas
Schattenmorellen

Eiweiß steif schlagen
und unter die
Masse heben.

Den Kuchen nochmals
im Ofen bei 200°C
20-25 Minuten
goldbraun backen.

Marmorkuchen

250g Butter oder
Margarine
250g Mehl
250g Zucker
4-5 Eier (getrennt)
1 Päckchen
Vanillezucker
½ Päckchen Back-
pulver
abgeriebene
Zitronenschale
(unbehandelt)
1 Prise Salz
1 Kaffeelöffel Kakao

Fett, Zucker, Eigelb
schaumig rühren.
Mehl, Vanillezucker,
Backpulver, Zitronen-
schale und Salz
zugeben.
Eiweiß extra schlagen
und unterziehen.

Etwas Teig
entnehmen und
mit dem Kakao
vermischen.

Backzeit:
ca. 1½ Stunden

Fertigen Kuchen
(erkaltet) mit Schoko-
lasur überziehen.

Für Form 26cm Ø
doppelte Menge der
Zutaten nehmen.

Marzipan-Sahne-Torte

4 Eier (getrennt)
2 Eßlöffel warmes Wasser
150g Zucker
1 Päckchen Vanillezucker
1 Prise Salz
abgeriebene Schale einer
ungespritzten Zitrone
100g Mehl
100g Speisestärke
2 gestrichene Teelöffel
Backpulver (6g)

Zutaten für die
Füllung:

1 Liter Sahne
(Zucker nach Wunsch)
4 Päckchen Sahnesteif
200-250g Rohmarzipan
etwas Milch

Eigelb mit Wasser
schaumig rühren,
nach und nach Zucker,
Vanillezucker, Salz und
Zitronenschale hinzu-
fügen. Es muß eine
cremige Masse entstehen.

Den steifen Eierschnee
auf die Eigelbmasse
geben. Mehl, Stärkemehl
und Backpulver ver-
mischen und daraufgeben.
Vorsichtig unterheben.

Eine Springform am
Boden fetten. Den Teig
hineinfüllen und im
vorgeheizten Ofen
backen.

Füllung:
Marzipan zerkleinern
und mit Milch zu
einem Brei zerdrücken
(Brei nicht zu dick).
Sahne mit Sahnesteif
und Zucker sehr fest
schlagen.
1/3 der Sahne mit dem
Marzipan vermischen.

Die Marzipan-Sahne
zwischen zwei
Böden
verteilen.

Mit der restlichen
Sahne die Tortenober-
fläche bestreichen und
garnieren.

Backzeit:
Elektroherd: Bei 180°
20-30 Minuten
Gasherd: Stufe 2-3
20-30 Minuten

Maxi-Kokoskuchen

8 Eiweiß
1 Prise Salz
200 g Zucker
1 Päckchen Vanille-
zucker
8 Eigelb
100 g Kokosflocken
200 g Mehl
1/2 Päckchen Back-
pulver
150 g flüssige Butter

Das Eiweiß mit dem
Salz steifschlagen,
nach und nach
Zucker und
Vanille-
zucker
einrieseln
lassen.

Eigelb vorsichtig
unterheben.
Kokosflocken, Mehl
und Backpulver
mischen und unter den
Teig rühren.
Zuletzt die flüssige
Butter unterziehen.

Den Teig in eine
gefettete Kuchenform
füllen und folgender-
maßen backen:
1. Schiene von unten,
    Elektroherd: 180°
    Umluft: 160°
    Gasherd:
    Stufe 2
    Backzeit:
    ca. 45 Min.

Maya-Cocktail

Ein Rezept
aus Guatemala.

Man nehme:

1 Wasserglas
mit Wodka
2 Wassergläser
mit Eierlikör
1 Wasserglas
mit starkem Kaffee
3-4 Teelöffel mit Schoko-
ladenpulver
1/2 Teelöffel mit Vanillezucker

Das Ganze
wird im Mixer
gemischt. Das
Getränk soll
möglichst
kalt
getrunken
werden.
Ein Schuß Maya-
Cocktail über Eis
oder Pudding schmeckt
köstlich; ebenso im Kaffee,
wenn möglich, ein Sahne-
häubchen oben drauf

Bei längerem Stehen setzt
sich das Wasser vom Kaffee
etwas ab. Keine Angst,
das Getränk ist nicht verdorben.
Man schüttelt die Flasche
mal kräftig durch.

Mohn-Himbeer-Sahnetorte

FÜR DEN TEIG:

4 EIER
150 g ZUCKER
1 PRISE SALZ
4 TROPFEN ZITRONEN-
AROMA
2 TROPFEN BITTERMANDEL
100 g MEHL
100 g SPEISESTÄRKE

ZUM FÜLLEN:

400 g HIMBEEREN
150 g MOHNMASSE
1 TORTENGUSS

ZUM VERZIEREN:

4 x 250 g SCHLAGSAHNE EXTRA
2 BLATT WEISSE GELATINE
4 PÄCKCHEN BOURBON-
VANILLE ZUCKER
50 g MANDELBLÄTTCHEN (RÖSTEN)
PISTAZIENKERNE UND
MOHNSAMEN ZUM BESTREUEN

1) VON NEBENSTEHENDEN ZUTATEN EINEN BISKUITBODEN BACKEN, IN EINER FORM VON 26 ODER 28 cm Ø.

NACH ERKALTEN EINMAL DURCHSCHNEIDEN, DEN UNTEREN BODEN MIT TORTENRING UMSCHLIESSEN.

VOM HIMBEERSAFT (1/4 ℓ) TORTENGUSS KOCHEN, RESTLICHE HIMBEEREN UNTERRÜHREN, AUF DEN TORTENBODEN GEBEN, GUT 1/2 STUNDE KALTSTELLEN.

GELATINE EINWEICHEN.
250 g SAHNE UND
1 VANILLEZUCKER STEIF-
SCHLAGEN, AUSGEDRÜCKTE
AUFGELÖSTE GELATINE
UNTERRÜHREN.
VORSICHTIG UNTER DIE
MOHNMASSE HEBEN UND
AUF DIE HIMBEEREN
STREICHEN.

DEN ZWEITEN BODEN
AUFLEGEN UND ETWA
2 STUNDEN KALTSTELLEN.

2) RESTLICHE SAHNE MIT
VANILLEZUCKER UND
1½ – 2 SAHNESTEIF
SCHLAGEN. TORTENRING
ENTFERNEN, MIT ⅔ DER
SAHNE DIE TORTE
BESTREICHEN, VERZIEREN,
MIT DER RESTLICHEN
SAHNE EINEN RAND
SPRITZEN ODER 16 TUFFS
MIT JE EINER HIMBEERE
GARNIEREN,
ALLERDINGS NUR MIT
FRISCHEN HIMBEEREN.

Möhrentorte

Für den Teig:

5 Eigelb
250 g Zucker
abgeriebene Schale von
1 Zitrone (unbehandelt)
4 Eßlöffel Zitronensaft
250 g Haselnüsse
2 große geriebene
Möhren (ca. 250 g)
80 g Buchweizenmehl
1 Päckchen Backpulver
5 Eiweiß
1 Prise Salz

Für den Guß:

200 g Puderzucker
2 Eßlöffel Rum
1-2 Eßlöffel Zitronensaft
Marzipan-Möhren
zum Verzieren

1) Eigelb mit Zucker schaumig rühren, Zitronenschale und -saft, Haselnüsse und Möhren nacheinander dazugeben.

Buchweizenmehl und Backpulver mischen und ebenfalls hinzufügen.

Zuletzt Eiweiß mit Salz zu steifem Schnee schlagen und unterziehen.

2) Eine Springform
(26 cm ∅) ausfetten,
mit Mehl bestäuben,
den Teig einfüllen
und im vorgeheizten
Ofen bei 175-200°
(Gasherd: Stufe 2-3)
50-60 Minuten
backen.

3) Die fertige Torte
mit einem Guß
aus Puderzucker, Rum
und Zitronensaft
beziehen.

Mit Möhren aus
Zucker oder Marzipan
verzieren.

Napfkuchen

„Großmutters Art"

500 g Mehl
200 g Zucker
Orangeat und Zitronat
abgeriebene Zitronenschale
(unbehandelt)
Schokoladenstreusel
Kokosflocken und
Haselnußkerne
(gerieben, ca. 200 g)
200 g Butter
4 Eier
1 Päckchen Backpulver

In einer Napfkuchen-
form bei 200° C
45 Minuten backen.

Nach dem Erkalten mit
Puderzucker bestreuen.

Nußzopf aus Hefeteig

1 kg Mehl
3 Päckchen Dauerbackhefe
200 g Zucker
etwas Salz
1/2 Liter Milch
200 g Butter oder
Margarine

Für die Nußfüllung:

400 g Nüsse oder
Mandeln (gemahlen)
100-150 g Zucker
mit Milch zu einem
streichfähigen Brei
verrühren.

Mehl, Hefe, Zucker
mischen, warme Milch
dazu. Die Butter im
Milchtopf verlaufen
lassen und untermischen,
eventuell etwas Mehl dazu.

Den Teig in 3 gleiche Teile
teilen. Jedes Teil
ausrollen, mit Nußmasse
bestreichen, rollen, zur
Seite legen.
Alle 3 Teile zu einem
Zopf flechten.
Etwas gehen lassen (bei
ca. 50° im Backofen
geht's ganz schnell).

Dann mit 200-220°
ca. 35-40 Minuten
backen. Noch heiß mit
warmem Zuckerwasser
einpinseln.
Oder abkühlen lassen
und mit Puderzucker
bestreuen.

Obstkuchen

Rezept für 2 Böden

Für den Teig:

125 g Margarine
125 g Zucker
150 g Mehl
1/2 Päckchen Backpulver
4 Eigelb

Für den Belag:

4 Eiweiß
200 g Zucker
80 g Mandeln
2 Becher süße Sahne
2 Sahnesteif
2 Päckchen Vanillezucker
1 Glas Stachelbeeren
oder Kirschen
oder Johannisbeeren

Backzeit: 20 Minuten

Pfirsichkuchen

Für den Belag:
½ Dose Pfirsiche
2 Eßlöffel Kirschwasser
4 Eßlöffel Zitronensaft

Für den Teig:
100 g Margarine
1 Prise Salz
abgeriebene Schale von einer
Zitrone (unbehandelt)
100 g Zucker
2 Eier
250 g Mehl
1 Teelöffel Backpulver
Fett für die Form

Zum Bestreuen:
Puderzucker

Pfirsiche abtropfen lassen, mit
Kirschwasser und Zitronensaft
beträufeln und durchziehen
lassen.
Margarine schaumig rühren,
1 Prise Salz und abgeriebene
Zitronenschale zufügen, dann
nach und nach abwechselnd
Zucker und Eier unterrühren.

Das mit Backpulver gemischte
Mehl und das abgetropfte
Zitronen-Kirschwasser unter
die Masse rühren.

Eine Springform von ca. 22 cm Ø
ausfetten, den Teig hineinfüllen
und die abgetropften Pfirsiche
darauf verteilen.

Im vorgeheizten Ofen
ca. 50 Minuten backen.

Den fertigen Kuchen mit
Puderzucker bestreuen.

Backzeit: ca. 50 Minuten
Elektroherd: 225°
Gasherd: Stufe 4

Rosenkuchen

200 g Magerquark
5 Eßlöffel Milch
1 Ei
1 Prise Salz
8 Eßlöffel Öl
100 g Zucker
500 g Mehl
1 Päckchen Vanillezucker
1 Päckchen und
2 Teelöffel Backpulver

Für die Füllung:
30 g Butter
100 g Zucker
2 Päckchen Vanillezucker
150 g Rosinen
150 g Korinthen
150 g gehackte Mandeln

Den Quark mit Milch,
Ei, Öl, Zucker,
Vanillezucker und Salz
verrühren.
Die Hälfte des Mehls und
des Backpulvers eßlöffel-
weise zugeben.
Das restliche Mehl und
das Backpulver darunter-
kneten. Den Teig zu einem
Rechteck ausrollen und
mit Butter bestreichen.

Die Zutaten zur Füllung
vermischen und auf
der Teigplatte verteilen.
Den Teig aufrollen,
16 Stücke schneiden
und nebeneinander in
eine gefettete Spring-
form stellen.
Mit Ei bestreichen.

Backzeit: 40 Minuten
bei 175 - 190°C

Rosinenkuchen

250 g Butter oder
Margarine
200 g Zucker
1 Vanillezucker
4 Eier
Backöl
Rum-Aroma
1 Prise Salz
500 g Weizenmehl
1 Tütchen Backpulver
knapp 1/8 Liter Milch
250 g Rosinen/Korinthen
(oder gemischt)

Fett schaumig rühren.
Zucker, Vanillezucker,
Eier und Gewürze zugeben.
Mehl mit Backpulver
vermischen und nach und
nach unterrühren.
Zum Schluß die Rosinen
oder Korinthen in den Teig
einrühren.
Spring- oder Kastenform.
Backofen vorgeheizt bei
175 - 185° 80 - 100 Minuten
backen.

Rotweinkuchen

200 g Butter
200 g Zucker
4 Eier
250 g Mehl
⅛ Liter Rotwein
1 Päckchen
Backpulver
1 Päckchen
Vanillezucker
1 Teelöffel Zimt
2 Teelöffel Kakao
100 g Schokoladen-
streusel

Butter, Zucker,
Eier und Vanille-
zucker schaumig
rühren.

Mehl, Backpulver,
Schokoladenstreusel
und Rotwein nach
und nach unter-
rühren.

In einer Kastenform
bei 175°
ca. 1 Stunde backen.

Nach dem Erkalten
mit Schokoladen-
guß überziehen.

Rumbombe

Biskuittorte von
5 Eiern

Für die Creme:

2 Eier,
150g Zucker in einen
Topf geben und bei
kleiner Hitze
verrühren, bis alles
flüssig wird.
1/4 Liter Milch,
30g Butter darunter-
rühren und etwa
1-2 Minuten kochen
lassen.
Erkalten lassen.

220g Butter schaumig
rühren und in die

erkaltete Masse
hinein rühren.
3-4 Eßlöffel Rum
zufügen, sowie etwas
Kakao oder Nesquick.

Biskuitboden in
3 Teile scheiden.
2 Teile davon in Würfel
schneiden und in
die erkaltete Creme
geben.

Die Würfel auf dem
Boden zu einem
Turm häufen.
Zum Schluß mit
einer Schokoladen-
glasur überziehen.

Russischer Streuselkuchen

Für den Mürbeteig:

125 g Butter
125 g Zucker
250 g Mehl
25 g Kakao
1 Ei
1/2 Päckchen Backpulver

Alle Zutaten zu einem
Mürbeteig verkneten.
1/3 Teig für die Streusel
verwenden.
2/3 vom Mürbeteig
gleichmäßig in
gefetteter Springform
verteilen.

500g Quark
125 g Zucker
125 g Butter
3 Eier
1/2 Päckchen Vanillezucker
1/2 Päckchen Vanillepudding
etwas Zitronensaft -
alles verrühren und
auf den Teig in der
Springform geben.

Das letzte Drittel Teig
als Streusel darüber-
geben.
Backzeit:
ca. 45 Minuten bei 200°

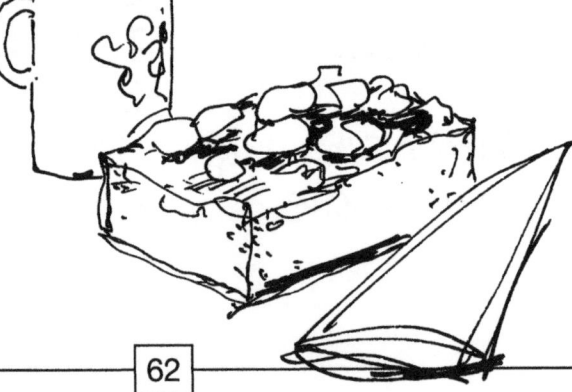

Sauerkirschkuchen vom Blech

Für den Teig:

125 g Margarine oder Butter
3 Eier
150 g Zucker
250 g Mehl
125 g geschälte fein-
geriebene Mandeln
Fett für das Blech

Für den Belag:

½ Liter Milch
1 Päckchen Sahnepudding-
pulver
3 Eßlöffel Zucker
1200 g Sauerkirschen
1 Päckchen roter Tortenguß
¼ Liter Kirschsaft

Fett mit Eiern und Zucker
schaumig rühren. Mehl
und Mandeln unterziehen.
Auf ein gefettetes Blech
streichen und im Backofen
hellbraun backen.
Backzeit: ca. 25 Minuten
Elektroherd: 200°
Gasherd: Stufe 3

Pudding nach Anweisung
kochen. Unter Rühren im
kalten Wasserbad abkühlen,
damit sich keine Haut
bildet. Nun auf den gebackenen Boden streichen,
entsteinte Kirschen rasch
auflegen.
Tortenguß mit Kirschsaft
zubereiten, Kirschen damit
überziehen.

Schlupfkuchen

150 g Margarine
150 g Puderzucker
150 g Mehl
3 Eier
etwas abgeriebene
Zitronenschale
1 Teelöffel Backpulver
Butter für die Form
750 g frische Kirschen
(ohne Kerne)
Puderzucker zum
Bestreuen

Margarine, Puderzucker
und Eidotter schaumig
rühren, abgeriebene
Zitronenschale zugeben,
das mit Backpulver
vermischte Mehl gleich-
mäßig unterrühren.

Zuletzt den steifen
Eierschnee untermengen.

Der Teig wird in eine
gebutterte Springform
gefüllt, mit den Kirschen
belegt und bei Mittel-
hitze 30-45 Minuten
gebacken.

Wenn die Kirschen
beim Backen zuviel
Saft gezogen haben,
empfiehlt es sich, nur
den Ring der Springform
zu entfernen und den
Kuchen auf dem Blech
zu lassen.

Schwarzwälder Kirschtorte

BISKUIT-BODEN:

4 EIER
100 g ZUCKER
1 PÄCKCHEN VANILLEZUCKER
75 g MEHL
30 g SPEISESTÄRKE
½ TEELÖFFEL BACKPULVER
2 ESSLÖFFEL HEISSES WASSER

DIE EIER, VANILLEZUCKER,
ZUCKER UND DAS WASSER
SCHAUMIG RÜHREN, DANN
DAS GESIEBTE MEHL UND
DIE SPEISESTÄRKE UNTER-
HEBEN. DIE HÄLFTE DES
TEIGES MIT KAKAO DUNKEL
FÄRBEN UND DANN DEN
TEIG GETRENNT BACKEN BEI
180° ca. 30 MINUTEN IM
ELEKTROHERD.

FÜR DEN BELAG:

1 LITER SÜSSE SAHNE
70 g ZUCKER
10 g GELATINE (IN ETWAS
WASSER AUFLÖSEN)
200 g ABGEBUNDENE
SAUERKIRSCHEN

DIE SAHNE
MIT DEM
ZUCKER STEIF-
SCHLAGEN
UND

DIE AUSGEDRÜCKTE
GELATINE UNTERRÜHREN.
DEN DUNKLEN TEIG MIT
SAHNE BESTREICHEN,
DANN DIE SAUERKIRSCHEN
DARAUF UND NOCHMALS
SAHNE DARAUFSTREICHEN.

DEN HELLEN BODEN MIT
KIRSCHWASSER TRÄNKEN
UND OBEN DRAUFLEGEN.
NUN DIE SAHNE RUNDHERUM
STREICHEN UND DIE
OBERSEITE NACH BELIEBEN
VERZIEREN.

6-Löffel-Tortenboden

6 Eßlöffel Mehl
6 Eßlöffel Zucker
6 Eßlöffel Öl
3 Eier
½ Päckchen
Backpulver
1 Päckchen
Vanillezucker

Diese Zutaten
in eine Rührschüssel
geben und mit dem
Handrührgerät
5 Minuten lang rühren.

Den Teig in eine
gefettete und aus-
gebröselte Form geben
(nicht streichen) und
15 Minuten bei 175°
backen (Backofen
vorheizen).

Streuselkuchen

Für den Teig:
500 g Mehl
40 g Hefe
80-100 g Zucker
knapp ¼ Liter lauwarme Milch
100 g Margarine
½ Teelöffel Salz
abgeriebene Schale von einer
Zitrone (unbehandelt)
Mehl zum Ausrollen
Fett für das Backblech

Für den Belag:
300 g Mehl
150 g Zucker
1 Päckchen Vanillezucker
½ Teelöffel Zimt
1 Prise Salz
200 g Margarine oder Butter

⅔ des Mehls in eine Schüssel
sieben, in die Mitte eine Vertie-
fung drücken. Hefe hinein-
bröckeln, etwas Zucker und die
Hälfte der Milch dazugeben,
alles mit etwas Mehl vom Rand
verrühren und mit Mehl bestäuben.

Den Vorteig an einem warmen
Ort gehen lassen, bis sich das
Volumen verdoppelt hat und
die Mehlschicht kräftige Risse
zeigt.
Das Fett in der restlichen lauwarmen
Milch und mit dem übrigen Zucker,
dem Salz und der Zitronenschale
auf den Mehlrand geben.
Alle Zutaten mischen und zu einem
glatten Teig verarbeiten. Nun das
restliche Mehl unterkneten und
den Teig nochmals gehen lassen.
Auf einem gefetteten Backblech
ausrollen. Für den Belag das Mehl
in eine Schüssel sieben, Zucker,
Vanillezucker, Zimt und Salz
darunter mischen. Die Margarine
oder Butter in Flöckchen zufügen.
Alles gut vermischen und zu
Streuseln verkneten. Gleichmäßig
auf dem Hefeteig verteilen.
Auf die mittlere Schiene in den
vorgeheizten Backofen schieben
und backen.
Backzeit: 20-25 Minuten
E-Herd: 200-220°, G-Herd: Stufe 3-4

Windbeutel

¼ Liter Wasser
oder Milch
50 g Butter
1 Prise Salz
125 g Mehl
4-5 Eier

Milch oder Wasser,
Butter, Salz aufkochen.
Das Mehl unter rühren
hineingeben und so
lange weiterrühren,
bis sich die Masse vom
Topf löst.
Jetzt von der Herdplatte
nehmen und ein Ei
nach dem anderen
hineinarbeiten, bis
ein glatter Teig entsteht.

Kleine Häufchen des
Teiges auf ein bemehltes
Blech geben,
25-30 Minuten bei
Mittelhitze backen.

Backofen nicht öffnen!

Die erkalteten Windbeutel
durchschneiden, mit
Creme oder Schlagsahne
füllen und mit Puder-
zucker überstäuben.

Weintraubenkuchen

1 kg großbeerige Weintrauben, gewaschen, abgezupft und auf einem Handtuch getrocknet.

Füllung:
2 Eier
100g Zucker
1 Päckchen Vanillezucker
1 Teelöffel Speisestärke
200g Frischcreme
200g Schmand

Aus 200g Mehl, 50g Zucker, 150g Butter, 1 Ei knetet man einen Mürbeteig, legt ihn mit einem 5 cm hohen Rand in einer gefetteten Springform aus und füllt die Trauben hinein.

Dann rührt man die 2 Eigelbe mit Zucker, Vanillezucker, Stärke glatt zusammen, fügt Frischcreme und Schmand dazu und zuletzt die zu Schnee geschlagenen Eiweiße.

Diese Creme gießt man gleichmäßig über die Trauben.

Bei 150° im vorgeheizten Backofen auf unterer Leiste 1 Stunde lang backen, abgekühlt servieren!

Zwetschgenkuchen
mit Eierguß

80 g Butter
50 g Zucker
1 Ei
150 g Mehl

Für den Belag:
500 g entsteinte und
halbierte Zwetschgen

Eierguß:
200 ml Milch
2 Päckchen Vanillezucker
5 Eier
150 g Mehl

Verzierung:
Puderzucker

Aus den oberen
Zutaten einen Teig
herstellen.
Den Teig in eine gut
gefettete Springform

geben, den Rand 4 cm
hochziehen.
Die zubereiteten
Zwetschgen darauf
verteilen.

Die Eier trennen.
Aus dem Eiweiß einen
sehr steifen Schnee
schlagen.
Eigelb mit Vanille-
zucker, Milch und
Mehl vermischen und
gut verrühren.
Eischnee unter die
Eigelbmasse heben.

Den Guß über die
Zwetschgen gießen.

Backzeit: ca. 60 Minuten
bei 180°. Den Kuchen mit
Puderzucker bestäuben.

Zwiebelkuchen

300 g Mehl
20 g Hefe
1/8 Liter lauwarme
Milch
80 g Butter
1 Teelöffel Salz
1½ kg Zwiebeln
200 g Speck oder
Dörrfleisch
6 Eier
1 Prise Salz
1 Eßlöffel Kümmel

Hefeteig wie immer.

Den Speck würfeln und
in einem Topf auslassen.
Zwiebelringe zugeben,
glasig dünsten und
erkalten lassen.

Dann Eier und Salz
untergeben.
Die Masse auf der Teig-
platte verteilen.

Den Kuchen weitere
20 Minuten gehen lassen.

Auf der mittleren
Schiene 45 Minuten
backen. Möglichst heiß
servieren.

Impressum

ISBN 3-8334-4514-9
2. Auflage 2006
Herausgeberin: Margret Schiela
Umschlagillustration und Gestaltung: Monika Rösler, Liederbach
Grafische und typografische Gestaltung Textteil: Lothar Stasas, Frankfurt
© 1996 by Margret Schiela, Kelkheim
Herstellung und Verlag: Books on Demand GmbH, Norderstedt